पक्ष-विपक्ष

अनुपम आनन्द

वाणी प्रकाशन

वाणी प्रकाशन
4695, 21-ए, दरियागंज, नयी दिल्ली 110 002
शाखा
अशोक राजपथ, पटना 800 004
फ़ोन : +91 11 23273167 फ़ैक्स : +91 11 23275710
www.vaniprakashan.in
vaniprakashan@gmail.com
sales@vaniprakashan.in

PAKSH-VIPAKSH
by Anupam Anand

ISBN : 978-93-5229-455-8
Play

प्रथम (वाणी) संस्करण
मूल्य : ₹ 100

सिटी प्रेस, दिल्ली-110 095 में मुद्रित

वाणी प्रकाशन का लोगो मक़बूल फ़िदा हुसेन की कूची से

पक्ष-विपक्ष

पता : अनुपम आनन्द, 276/89, प्रथम तल, माँ ललिता एपार्टमेंट, टी.वी. टावर चौराहा,
म्योर रोड, इलाहाबाद-211001

आपातकाल में मीसा की बलिवेदी पर बलिदान
अपने स्वर्गीय रंगकर्मी पिता
डॉ. सत्यव्रत सिन्हा
की
पावन स्मृति को

नान्दी पूर्व

यह नाटक सम्भव न होता यदि मैं लोकनायक जयप्रकाश जी के आन्दोलन में सक्रिय सहभागी न होता। उस आन्दोलन के एक-एक स्पन्दन का साक्षी और भागीदार रहा हूँ। आन्दोलन से राजनैतिक चरित्र के परिवर्तन का स्वप्न देखा था। आमूल-चूल परिवर्तन का आकर्षण था। संघर्ष में अनेक नौजवानों, छात्रों, साहित्यकारों, चिन्तकों, मनीषियों, संस्कृतिकर्मियों, रंगकर्मियों आदि ने अपना बलिदान दिया। खून बहाया। आन्दोलन के सफल होने की आहट मिलते ही उसके नेतृत्व को उन्हीं लोगों ने हस्तगत कर लिया जिनकी नीतियों और करतूतों के विरुद्ध संघर्ष चलाया जा रहा था। नाम और चेहरे बदल गये पर सत्ता का चरित्र वहीं का वहीं वैसा का वैसा रहा। नये सत्ताधारियों ने जयप्रकाश जी को ही बाहरी व्यक्ति घोषित कर दिया। लगभग ढाई-तीन वर्षों में नाम भी वही और चेहरा भी वही, पुनः प्रतिष्ठित हो गया। सब जस का तस। संघर्ष में अपना सर्वस्व न्यौछावर करने वालों ने स्वयं को छला हुआ पाया।

मन में यह पीड़ा थी। इसी बीच कुछ मित्र संस्कृत में कालिदास का 'मालविकाग्निमित्रम्' कर रहे थे उन्होंने मुझसे इसमें सहयोग का आग्रह किया जिसे मैंने सहर्ष स्वीकार किया। पूर्वाभ्यास के दौरान मेरा ध्यान 'मालविकाग्निमित्रम्' के भरत वाक्य की ओर गया "आशास्वमीतिविगमप्रगृति प्रजानां संपत्स्यते न खल गोप्तरिनाग्निमित्रे' (जब तक अग्निमित्र राज्य करें तब तक उनकी प्रजा में किसी प्रकार के उपद्रव आदि न हों) ऐसा प्रतीत हुआ कि अग्निमित्र के राज्य में निरन्तर उपद्रव आदि की आशंका व्याप्त रहती होगी। इन्हीं के परिहार की शुभेच्छा कालिदास ने भरत वाक्य के रूप में की होगी। इस दृष्टि से जब मैंने कालिदास का काव्य और नाटक पढ़ा तो लगने लगा कि अनेक स्थलों पर संकेतों एवं अभिप्रायों के माध्यम से कालिदास समकालीन सामाजिक स्थितियों पर टिप्पणी करते हैं। कई बार वे व्यंग्य के स्तरों पर स्थिति को रेखांकित करते हैं। पहली बार प्रतीत हुआ कि कालिदास रस और लालित्य के ही नहीं बल्कि व्यंग्य के

भी सजग एवं सतर्क सर्जक थे। इस दृष्टि से उनका मूल्यांकन होना अभी शेष है।

कालिदास के कई अभिप्राय बेहद आकर्षक और समकालीनता को रेखांकित करने वाले लगे जैसे रघुवंश में अग्निवर्ण के झरोखे से पैर लटकाने का दृश्य विक्रमोर्वशीय में उर्वशी का अपहरण आदि।

आन्दोलन की स्मृतियाँ एवं पीड़ा तथा दूसरी ओर 'मालविकाग्निमित्र' की प्रस्तुति दोनों का मानसिक संश्लेषण प्रारम्भ हो गया था। 'मालविकाग्निमित्र' की समकालीन सन्दर्भों में व्याख्या तथा कालिदास के रसवादी परम्परा के घटाटोप से बाहर आने की चेष्टा कर ही रहा था कि एक दिन 'विक्रमोर्वशीय' पढ़ते हुए उर्वशी के अपहरण से एक नया रचना वितान कौंध गया। यदि 'मालविकाग्निमित्र' के सूत्रधार का अपहरण कर लिया जाये तो सारे पात्र स्वतंत्र हो जायेंगे। कालिदास उन पात्रों के सर्जक तो रहेंगे पर नियामक नहीं। पात्रों की समकालीन सन्दर्भों में व्याख्या करना सम्भव हो जायेगा। सूत्रधार हरदत्त, गणदास, अग्निमित्र, विदूषक, कंचुकी, परिचारिका धारिणी, इरावती, परिव्राजिका आदि रहेंगे तो 'मालिविकाग्निमित्र' से ही पर उनकी आन्तरिक संरचना भिन्न होगी। कालिदास ने उन्हें नाम और पहचान दी है तथा परम्परा से यह पहचान और पुष्ट हुई है। नाम और परिवेश के परम्परागत स्वरूप को सुरक्षित रखते हुए उसकी आन्तरिक संरचना में परिर्वतन करना कठिन चुनौती थी। सहारा कालिदास की उक्तियों नाट्यरूढ़ियों और अभिप्रायों का था। इस प्रकार सर्जना के स्तर पर एक नया नाटक तैयार हो गया।

सत्ता का पक्ष और प्रतिपक्ष लगभग एक जैसा होता है उनके आपसी सम्बन्ध भी मधुर होते हैं। उनके आग्रह दुराग्रह यहाँ तक कि उनके सिद्धान्त और निषेध भी जनता को छलने के लिए होते हैं। लोकतंत्र में जनता समझती है कि सत्ता उसने चुनी है प्रतिपक्ष का जनादेश भी उसका है। वास्तव में सत्ता राजनैतिक व्यवसायियों के ही हाथ में रहती है चाहे पक्ष हो या विपक्ष। यही सोचकर नाटक का नाम रखा—'पक्ष-विपक्ष'।

नाट्य लेखन के दौरान काशी के प्रख्यात रंगकर्मी श्री नीलकमल चैटर्जी के अमूल्य सुझावों के लिए मैं उनका हृदय से आभारी हूँ। मैं आभारी हूँ पद्मश्री नेमिचन्द्र जैन जी का जिन्होंने 'नटरंग' के अंक 46 में इसे अत्यन्त कृपापूर्वक प्रकाशित किया। उनकी टिप्पणियों सुझावों और आत्मीयता का संबल मुझे सदा उपलब्ध रहा है! इलाहाबाद की नाट्य संस्था 'अंकुर' के रंगकर्मी मेरे स्नेह के पात्र है जिन्होंने अत्यन्त परिश्रमपूर्वक इसका प्रथम मंचन किया। सुश्री मीना उराव एवं श्री रतीनाथ योगेश्वर ने मिलकर इसे निर्देशित किया। विकास के दौर

में पिछड़ते हुए इलाहाबाद में संसाधनों का अभाव हो सकता है प्रतिभाओं का नहीं। संसाधन प्रतिभा की राह में स्थाई बाधा डाल सकने में समर्थ नहीं हैं। अपने परिश्रम साधना और सामर्थ्य से मीना उराँव एवं रतीनाथ योगेश्वर ने इसे प्रमाणित किया।

और अन्त में मैं आभारी हूँ वाणी प्रकाशन का जिन्होंने इसे प्रकाशित कर रंगप्रेमियों तक पहुँचाने का दायित्व उठाया है।

—अनुपम आनद

निर्देशक की ओर से

मेरा मानना है कि आज के सामाजिक राजनैतिक यथार्थ को जस का तस प्रस्तुत कर देने वाले नाटकों से एक बड़ा दर्शक वर्ग तैयार नहीं किया जा सकता और न ही तामझाम वाली जटिल रंगतन्त्र का आश्रय लेकर तैयार की जाने वाली नाट्य प्रस्तुतियों के मंचन से रंग आन्दोलन चलाये जा सकते हैं। आज हिन्दी का रंगमंच दर्शकों के न होने का रोना रो रहा है और नाटकों की लोकप्रियता में आयी कमी की वजह से रंगकर्मी के प्रति उदासीन हो रहा है। ऐसें में आज जरूरत है इसके कारणों की पड़ताल करने की ताकि हम अपने सीमित संसाधनों में भी रंग आन्दोलन को गति दे सकें।

सुप्रसिद्ध रंगकर्मी देवेन्द्र राज अंकुर ने कहीं लिखा है–'हिन्दी ही नहीं दुनिया की हर भाषा में वही नाटक अधिक लोकप्रिय हुए हैं जो मिथकों या इतिहास पर आधारित हैं....नाटक का कथ्य कहानी के नजदीक और शिल्प कविता के निकट लाना चाहिए तभी एक अच्छे नाटक की रचना हो सकेगी इस दृष्टि से 'पक्ष-विपक्ष' को पढ़ते ही लगा कि इस नाटक को मंचित किया जाये वल्कि आश्चर्य भी हुआ कि 'नटरंग' में प्रकाशन के इतने वर्ष बाद भी इसे अभी तक किसी ने मंचित क्यों नहीं किया? जबकि इसमें एक लोकप्रिय नाटक के सभी तत्व उपस्थित हैं। जहाँ इस नाटक की काव्यात्मक भाषा राजसी वातावरण उपस्थित करने में समर्थ है वहीं प्रतीकात्मक नाटकीय स्थितियाँ 'द्वन्द्व' उत्पन्न कर 'नाटक' पैदा करती हैं। समकालीन यथार्थ को ज्यादा गहरे ढंग से व्याख्यायित करने में समर्थ यह नाटक संस्कृतनिष्ठ तत्सम् शब्दावली से सुसज्जित भाषा के जरिये कई स्थलों पर सांकेतिकता के माध्यम से आधुनिक सन्दर्भों में राजनैतिक स्थितियों का दृश्यांकन करता है।

महाकाव्यों मिथकों, लोककथाओं पर आधारित नाटकों ने सबसे अधिक लोकप्रियता प्राप्त की है। इसमें मोहन राकेश का 'आषाढ़ का एक दिन' नन्दकिशोर आचार्य का 'देहान्तर' सुरेन्द्र वर्मा का 'सूर्य की अन्तिम किरण से सूर्य की पहली किरण तक' ने उल्लेखनीय सफलता अर्जित की है। इसी श्रृंखला में 'पक्ष विपक्ष' में भी कई ऐसी खूबियाँ हैं जो इसे लोकप्रियता के शिखर पर ले जा सकती हैं।

राजनीति में सत्ता के पक्ष और प्रतिपक्ष के दिखावटी चेहरे के रेशे उधेड़ता

उनके आपसी रिश्तों घातों-प्रतिघातों आग्रहों-दुराग्रहों की चीरफाड़ करता ये नाटक, जनता के समक्ष राजनीति की लोकतान्त्रिक व्यवस्था की पोल खोलता है। उसके चरित्र को सामने लाता है, और बताता है कि राजनीति का व्यवसायीकरण हो रहा है उसके पक्ष भी वही है और विपक्ष भी वही जबकि जनता छली जा रही है।

मनुष्य के सामाजिक जीवन के उत्कर्ष के लिए निरंतर संघर्ष की प्रक्रिया का नाम कला है और कला ही हमारी शक्ति है। संसाधन सीमित हुए तो क्या? वैसे भी चमत्कारी रंगतन्त्र के सहयोग से रूपग्रहण करने वाली नाट्य प्रस्तुतियों की अपेक्षा निर्देशकीय कल्पनाशीलता से अनुप्राणित प्रतीकात्मक रूप से मंचित होने वाली नाट्य प्रस्तुतियों का मैं सदा पक्षधर रहा हूँ और इस नाटक में निर्देशक की कल्पनाशीलता के लिए विस्तृत स्थान है। मुझे लगा कि इस नाट्यकृति की प्रस्तुति प्रक्रिया के सहारे मैं बहुत कुछ सीख सकता हूँ। एक नयी रंग प्रक्रिया की तलाश में मैं लग गया। 'अंकुर' के कलाकारों के बीच इसका पाठ हुआ। सीमित संसाधनों के साथ इस वैभवशाली राजसी पृष्ठभूमि में रूपायित होने वाली नाट्यकृति की प्रस्तुति किसी पहाड़ को काटकर रास्ता बनाने की कठिन चुनौती जैसी लग रही थी। सबसे मुश्किल था इस नाटक को मंच तक पहुँचाने में महिला पात्रों की संख्या का अधिक होना। फिर शस्त्रीय गायन वादन की व्यवस्था राजसी वेशभूषा भारी भरकम मंच निर्माण जैसी—अनेक समस्यायें...। हमारी साथी रंगकर्मी मीना उराँव ने हौंसला बँधाया सबसे पहले महिला पात्रों की तलाश शुरू हुई और बड़ा सुखद रहा कि शीघ्र ही पाँच में से चार महिला कलाकारों ने भूमिका करने की हामी भर दी। गायन वादन का जिम्मा लिया साथी सलिल श्रीवास्तव ने और हमारी गाड़ी चल निकली...। पाँचवी महिला के रूप में हमारे आग्रह पर 'मीनाजी' ने भूमिका स्वीकार की।

रंगमंच को राजसी स्वरूप देने के लिए मैंने कलाकारों की राजसी वेशभूषा को पर्याप्त समझा। कुछ ब्लॉक कुछ सीढ़ियाँ तथा रेशमी कपड़े लटकाकर वातावरण सृजित किया। कपड़ों के रंगों के अनुरूप प्रकाशयोजना रंगों के मनोविज्ञान के अनुसार प्रतीकात्मक रखी। थोड़े से रद्दोबदल से... अर्थात ब्लॉकों के इधर से उधर स्थान परिवर्तन कर देने से नये-नये दृश्य बन्ध उभरने लगे। मैंने अनुभव किया कि पात्रों के कार्य व्यापार की दृष्टि से और प्रकाश योजना में प्रतीकात्मक रंगों के प्रयोग से चमत्कारिक प्रभाव उत्पन्न होने लगे।

'अंकुर' के सभी साथी रंगकर्मियों के साथ इस रंग प्रक्रिया से जुड़ना मेरे लिए एक अविस्मरणीय स्मृति है। मैंने जाना कि कैसे करते करते नये नये बिम्ब नये नये अर्थ खुलने लगते हैं अतः हमें रंगकर्म कर करके सीखना चाहिए...सीख सीखकर करना चाहिए...। तभी हिन्दी रंगकर्म को एक गति मिल सकेगी।

—रतीनाथ योगेश्वर

इलाहाबाद

'पक्ष-विपक्ष' का प्रथम मंचन, उत्तर मध्य क्षेत्र सांस्कृतिक केन्द्र के नाट्य समारोह में 22 दिसम्बर 1996 को सायं 6.30 बजे सांस्कृतिक केन्द्र प्रेक्षागृह में प्रस्तुत हुआ।

पक्ष-विपक्ष : लेखक : अनुपम आनन्द
निर्देशक : रतिनाथ योगेश्वर
मीना उराँव

मंच पर–

अग्निमित्र : रितेश कुमार
मांढव्य : रतीनाथ योगेश्वर
धारिणी : मीना उराँव
इरावती : सुनीति भट्ट
परिव्राजिका : ममता सिंह
हरदत्त : मुकेश उपाध्याय
गणदास : अंशुल त्रिपाठी
कंचुकी : कुलदीप सिंह
सूत्रधारव्यक्ति तीन : दीपक पन्त
परिपार्श्वक/व्यक्ति पाँच : दिलीप कुमार कुशवाहा
कुटिलक/व्यक्ति एक : पवन कुमार
बकुलावलिका : राधा साहनी
मधुकरिका : लक्ष्मी साहनी
चित्रकार एक : सन्तोश कुमार मिश्र
चित्रकार दो : बृजेन्द्र द्विवेदी
चित्रकार तीन : श्यामनाथ शर्मा
प्रहरी : जतिन कुमार
व्यक्ति दो : कौशल शुक्ल
व्यक्ति चार : अभिनीत केशरवानी
भीड़ में : अजीत कुशवाहा, बेबी नीतू, आलोक कश्यप, बेबो अक्षांश, श्याम किशोर

नेपथ्य से

संगीत	:	सलिल श्रीवास्तव
गीत	:	श्रीरंग
पार्श्व गायन	:	विवेक प्रियदर्शन, अनुपमा ओझा, सलिल श्रीवास्तव
मंच परिकल्पना	:	रतीनाथ योगेश्वर
रूप सज्जा	:	अनिल चौधरी
वेशभूषा	:	विजय कुमार श्रीवास्तव
रंगदीपन	:	सुगन्ध घोषाल
मंच निर्माण	:	रितेश कुमार, दीपक पन्त
प्रचार-प्रसार/कलापक्ष	:	अंशुल त्रिपाठी
मंच सामग्री	:	ममता सिंह
पार्श्व ध्वनि	:	संजय सिंह, जयन्त घोष
प्रस्तुति नियंत्रक	:	अतुल कुमार
मंच सहायक	:	उमाकान्त, मनोज कुमार गुप्ता, राधा साहनी लक्ष्मी साहनी, दिलीप कुशवाहा, अभिनीत केशरवानी
वायलिन	:	जवाहर लाल कुशवाहा
स्वर मण्डल/सितार	:	पं विजय गोविन्द शर्मा
तबला	:	प्रभाकर दयाल
ढोलक	:	वेद प्रकाश शर्मा

नान्दी

एकैश्रयै स्थितोऽपि प्रणतबहुफले
यः स्वयं कृत्तिवासाः
कान्तांसमिश्रदेहोप्य विषयमनसां यः
परस्ताद्यतीनाम् ।
अष्टामिर्यस्य कृत्स्नं जगदपि
तनुभिर्बिभ्रतो नाभिमानः
सन्मार्गालोकनाय व्यपनयतु स
वस्तामसी वृत्तिमीशः ।।

सूत्रधार : अब और विलम्ब नहीं हो सकता। (नेपथ्य की ओर देखकर) मारिष! मारिष!

पारिपार्श्वक : (प्रवेश करके) उपस्थित हूँ आर्य!

सूत्रधार : विद्वत्-परिषद् से भावकों ने यह इच्छा व्यक्ति की है कि इस वसन्तोत्सव पर कालिदासरचित मालविकाग्निमित्र नामक नाटक ही मंचित किया जाये। अतः जाकर संगीत प्रारम्भ करो।

पारिपार्श्वक : (संकोच के साथ) परन्तु आर्य—

सूत्रधार : अब इसमें किन्तु परन्तु क्या?

पारिपार्श्वक : पर आर्य इस नाटक के मंचन का औचित्य क्या है?

(दर्शकों में अचानक शोर और भगदड़ होने लगती है। कुछ दर्शक शोर करते हुए तोड़-फोड़ करते हुए मंच की ओर बढ़ने लगते हैं। सूत्रधार और पारिपार्श्वक दोनों दर्शकों की ओर देखते रहते

हैं। दोनों मंच पर चढ़ती हुई भीड़ को रोकने का असफल प्रयास करते हैं।)

सूत्रधार : यह क्या? आप सबके ही तो अनुरोध पर...
(शोर तेज हो जाता है। आगे की बात उसी में डूब जाती है। तीन-चार व्यक्ति आगे बढ़कर सूत्रधार को पकड़कर उठा लेते हैं। पारिपार्श्वक उसे छुड़ाने का प्रयास करता है। लोग उसे धक्का दे देते हैं। वह गिर पड़ता है।)

पारिपार्श्वक : अरे सूत्रधार का अपहरण! दौड़ो! दौड़ बचाओ बचाओ।
(लोग सूत्रधार को उठाकर आगे बढ़ने लगते हैं। अब सूत्रधार के भी समझ में आने लगता है। वह घबराकर चिल्लाता है।)

सूत्रधार : ऐं, अपहरण! सूत्रधार का अपहरण तो नाट्यशस्त्र में वर्जित है। अपहरण तो मात्र उदात्त स्त्रियों का ही होता है। सीता का हो सकता है। रुक्मिणी का हो सकता है। सूत्रधार के अपहरण से तुम्हें कुम्भीपाक नरक मिलेगा।
(कोई सूत्रधार की बात नहीं सुनता है। लोग उसे उठाकर ले जाते हैं। कुछ लोग मंच पर बच जाते हैं। सूत्रधार को बचाने पारिपार्श्वक को उठाने के लिए कुछ दर्शक एवं पात्र मंच पर चढ़ जाते हैं। अपहरणकर्ताओं से उनकी मार-पीट, छीना-झपटी होती रहती है। बुरी तरह अव्यवस्था हो गयी है किसी के कुछ समझ में नहीं आ रहा है कि क्या हो रहा है। धीरे-धीरे प्रकाश विलीन होने लगता है। चीख-पुकार का शोर मन्द होकर सितार पर धीरे-धीरे उभरने वाली दरबारी कान्हड़ा की मीठी धुन में विलीन हो जाता है। धुन बज रही है। प्रकाश पुनः आता है।)

दृश्य दो

(अतःपुर का प्रकोष्ठ। गवाक्ष में बाहर की ओर पैर लटका कर कुछ विचित्र तरह से अग्निमित्र बैठे हुए हैं। नेपथ्य में जयध्वनि का स्वर कुछ धीमा होता है। धारिणी और इरावती वहीं बैठी हैं।)

अग्निमित्र : **(रानियों से)** नहीं हर बार की तरह इस बार नहीं है। इस बार तो बात ही कुछ और है। अब तक तो मैं एकदम अन्धा था। सौन्दर्य समझता ही नहीं था। दर्शन का एक निमिष-अहा जैसे श्वेत कमल हो। सौन्दर्य-शरद पूर्णिमा की झर-झर झरती चाँदनी। उसकी लटें मानो उसके मुख कमल पर लहराते भौंरे। उरोज अमृतकलश और—

धारिणी-इरावती : **(स्वगत)** कैसा दुःख है! ईश्वर!

अग्निमित्र : यह तो है ही।

धारिणी-इरावती : बार-बार के इस दुख ने हृदय छलनी कर दिया है।

अग्निमित्र : निस्सन्देह।

(धारिणी और इरावती दुखी मन से उठकर जाने लगती है।)

अग्निमित्र : अरे! तुम लोग जा क्यों रही हो? तुमने वास्तव में मेरे मन की कह दी—बार-बार के इस दुःख

ने हृदय छलनी कर दिया है। –पर बार-बार। बार-बार क्या? ऐसा सौन्दर्य तो बस प्रथम बार। मालविका तो बस प्रथम बार।

(दोनों रानियों में से एक पल भर ठिठकती है फिर भीतर चली जाती है। अग्निमित्र हैं –हैं करके हँसता है।)

प्रहरी : **(बाहर से प्रवेश करके)** महाराज की जय हो। राज्य के विधान और आपकी आज्ञा से सभी दिशाओं से चित्रकार उपस्थित हुए हैं।

अग्निमित्र : उन्हें क्रमशः यहीं उपस्थित होने की आज्ञा है।

(प्रहरी का प्रस्थान। कुछ विचित्र मुद्राओं वेश-भूषा में एक-एक करके चित्रकार आते हैं। अन्तःपुर की परिचारिकायें वह सब कुछ लिख देती हैं जो कुछ महाराज उन चित्रकारों से पूछते हैं।)

चित्रकार एक : महाराजाधिराज की जय!

अग्निमित्र : शुभ नाम?

चित्रकार एक : चन्द्रकेतु।

अग्निमित्र : पिता?

चित्रकार एक : श्री चन्द्रकीर्ति नंदिकेश्वर।

अग्निमित्र : निवास–

चित्रकार एक : नंदिग्राम।

अग्निमित्र : किस कारण से आपको यहाँ मेरे सम्मुख उपस्थित होना पड़ा है?

चित्रकार एक : जी श्रीमन्। आचार्य गणदास एवं हरदत्त की शिष्या मालविका का चित्र अंकित करने हेतु अत्रभवान के सम्मुख उपस्थित होने की घोषणा हुई थी। अतएव साक्षात्कार के लिए उपस्थित हूँ।

अग्निमित्र : शपथ ग्रहण करें।

(परिचारिका गीता लेकर आती है। चित्रकार एक उस पर हाथ रखकर खड़ा होता है। परिचारिका जो कुछ बोलती है उसे दुहराता है।)

चित्रकार एक : सर्वत्र ईश्वर को विद्यमान मानकर मैं...

चित्रकार एक : सर्वत्र ईश्वर को विद्यमान मानकर मैं...

परिचारिका : शपथ ग्रहण करता हूँ कि—

परिचारिका : मैं सदा राजकुल की वंश परम्परा तथा मर्यादा के अनुकूल सत्य बोलूँगा। इसके अलावा और किसी भी प्रकार का सत्य न बोलूंगा।

अग्निमित्र : व्यवसाय—

चित्रकार एक : चित्रांकन।

अग्निमित्र : सो तो ठीक, पर आप करते क्या है?

चित्रकार एक : चित्रांकन।

अग्निमित्र : यह तो ज्ञात हुआ। पर आप आजीविका के लिए क्या करते हैं?

चित्रकार एक : राजन मात्र चित्रांकन।

अग्निमित्र : क्या यह सम्भव है?

चित्रकार एक : अवश्य। अवंति की कला दीर्घाओं में मेरे चित्र पर्याप्त ख्याति अर्जित कर चुके हैं। मगध के नगर कोतवाल ने मुझे पुरस्कृत किया है। कोशल की साम्राज्ञी को दुर्गा के रूप में चित्रित करके समादृत हो चुका हूँ। मेरी चित्रकला और कुलीन वंश-परम्परा का रक्त सम्बन्ध है।

अग्निमित्र : आप बाहर प्रतीक्षा करें। शीघ्र ही नियुक्ति की घोषणा की जायेगी।

चित्रकार एक : महाराज की जय हो।

(चित्रकार एक का प्रस्थान। प्रहरी का प्रवेश।)

अग्निमित्र : अगले कलाकार को प्रस्तुत करो।

प्रहरी : जो आज्ञा।

(एक बहुत बड़ा सा फ्रेम अन्दर आता है। जिसका मुख्य फलक दर्शकों की ओर है। उस पर लाल स्याही बिखेर दी गयी है। उसके पीछे चित्रकार है। उसने इस चित्र को अपनी पीठ पर लाद रखा है। मंच के मध्य में आकर वह उसे नीचे उतारता है। पसीने से लथपथ।)

चित्रकार दो : महाराज की जय!

अग्निमित्र : नाम...

चित्रकार दो : संत्रास अनन्त।

अग्निमित्र : पिता..

चित्रकार दो : अनन्त नीरव–

अग्निमित्र : निवासी–

चित्रकार दो : देश के समस्त पथ-वन-वीथि-कुंज-उपवन।

अग्निमित्र : कारण उपस्थिति...

चित्रकार दो : मालविका चित्र प्रसंग।

अग्निमित्र : शपथ।

चित्रकार दो : गीता अस्वीकृत। अनास्था की शपथ। आपकी इच्छानुसार सत्य कहूँगा।

अग्निमित्र : कहें।

: चित्रकला के बारे में मेरी निश्चित धारणा है। मेरे चित्र व्यापक सत्य की निजी उपलब्धियाँ हैं। अतः उनकी ग्राह्यता व्यक्ति का निजी मामला है। उदाहरण के लिए आप इस चित्र को देखें। आप चाहें तो इसे भीषण रक्तपात और नरसंहार मान सकते हैं और यदि चाहें तो इसी चित्र में आप होली खेलते हुए हाथी को देख सकते हैं जो रंग में डूब गया है। व्यक्ति अपनी सोच विचारधारा और मानसिक बनावट के आधार पर चित्र की कला की बनावट को पहचान और परख सकता है। कोई विद्वान चाहे तो 'कुलीनता के बहाने अमूर्त कला पर एक बहस' विषय पर निबन्ध लिख सकता है। इसी संदर्भ में यह भी निवेदन करना चाहूँगा कि कला नागर होती है। ग्राम अ-कलात्मक होते हैं अर्थात् कला का विकास नीचे से नहीं हो रहा है। वह ऊपर से अवतरित हो रही है। अतः हर व्यक्ति की उस तक न तो पहुँच हो सकती है न होनी चाहिए। इससे स्तर बना

रहता है।

अग्निमित्र : बस बस! शेष फिर कभी। अभी आप बाहर चलकर प्रतीक्षा करें। शीघ्र ही निर्णय की घोषणा की जायेगी।

(चित्रकार दो अभिवादन करके चला जाता है। प्रहरी का प्रवेश।)

अग्निमित्र : अगले को प्रस्तुत करो।

(प्रहरी का प्रस्थान। चित्रकार-तीन का प्रवेश।)

चित्रकार तीन : महाराज की जय हो।

अग्निमित्र : शुभ नाम–

चित्रकार तीन : नाम में क्या रखा है? काम देखिये। पिता निवास शपथ सब हो गया मानिये। यह सब भावमय है। भाव सत्ता का विषय है। मानिये तो है नहीं तो कुछ नहीं।

अग्निमित्र : आपके कर्म का क्या प्रमाण है?

चित्रकार तीन : यह एक चमत्कारिक विद्या है। सम्पूर्ण चित्र आत्मचेतना के विकास से ग्रहण किया जा सकेगा। जिसमें जितनी भावमयता होगी प्रेम की दृढ़ता और सच्चा अनुराग होगा वही इस चित्र के रूप को रंग को रेखा को निहार सकेगा। शेष को चित्र गोचर ही नहीं होगा।

अग्निमित्र : उत्तम। अति उत्तम। चित्र की रचना आप ही करेंगे। निश्चित हुआ। आप कोष से आवश्यक सामग्री धन आदि प्राप्त कर लें।

(चित्रकार जाता है।)

अग्निमित्र : प्रहरी!

(प्रहरी का प्रवेश)

अग्निमित्र : घोषणा कर दो। चित्रकार का चुनाव हो गया है।

प्रहरी : जो आज्ञा **(ठहरकर)** राज-विदूषक पंडित मांढव्य का आगमन हुआ है।

अग्निमित्र : उन्हें यहीं भेज दो।

(प्रहरी का प्रस्थान। मांढव्य का प्रवेश।)

अग्निमित्र : आओ मित्र आओ। चित्रकारों से साक्षात्कार करते हुए तुम्हारी ही प्रतीक्षा कर रहा था। **(आसन की ओर संकेत करते हुए)** आसन ग्रहण करो।

(विदूषक आसन ग्रहण करता है।)

अग्निमित्र : कहो कुछ उपाय सूझा? मात्र एक बार उसे अपलक देखने दो।

विदूषक : निरंतर प्रयासरत हूँ आर्य। पर..

अग्निमित्र : निमिष मात्र को संयोगात ही देख पाया था। उसका बाँया हाथ कटि देश पर न्यस्त था कंकण कलाई पर सरक आया था दाहिना हाथ शिथिल श्याम लता के समान झूल पड़ा था। उसकी कमनीय देह-लता नृत्य-भंग से जरा झुक गयी थी मुखमंडल श्रम-बिन्दुओं से परिपूर्ण था। उसके अधरों पर जरा सी स्मित रेखा प्रकट हो आयी आँखें झुक गयीं। उसी समय उसके शिथिल क़बरीबन्ध से एक मल्लिका पुष्प गिर गया। मालविका अपने पादांगुष्ठों से उसे इधर-उधर रगड़ने लगी। अहा क्या सौन्दर्य था।

विदूषक : धैर्य रखें महाराज। कोई न कोई उपाय शीघ्र ही निकल आयेगा। विरहाग्नि शान्त करना इतना सरल तो नहीं पर अनवरत अभ्यास के कारण इसमें सिद्ध हो गया हूँ। इस बार मैंने दोनों नाट्याचार्यों को जमकर फटकारा। उनसे कहा— राजकोष से जो वेतन आप लोगों को मिलता है वह सब अपव्यय है। राजान्न खा-खाकर आप लोग निष्क्रिय हो गये हैं। कोई उपलब्धि नहीं है। अपने शिष्यों की कला प्रस्तुति दिखाइये। तब महाराज इस बात का निर्णय करेंगे कि आगामी वेतन का भुगतान किया जाये अथवा नहीं?

अग्निमित्र : परिणाम?

विदूषक : वे बेहद उत्तेजित हैं। सम्भव है शीघ्र मालविका का नृत्य प्रदर्शन आपके सम्मुख करें और सम्भव–

प्रहरी : **(प्रवेश करके)** महाराज की जय हो। व्यवधान के लिए क्षमा। गुप्तचर कोई विशेष सन्देश लेकर उपस्थित है। आपके दर्शनों की प्रतीक्षा कर रहे हैं।

अग्निमित्र : उन्हें यहीं प्रस्तुत होने का आदेश है।

(प्रहरी का प्रस्थान। गुप्तचर कटिलक का प्रवेश।)

कुटिलक : महाराज की जय हो।

अग्निमित्र : कहो कुटिलक क्या समाचार है? प्रजा मेरा यशगान तो करती है न? मेरे पुत्र-पौत्र आदि को उत्तराधिकारी के रूप में स्वीकार करने की आकांक्षा करती है न? **(कुछ क्षण मौन)** कहो कुछ कहते क्यों नहीं?

कुटिलक : महाराज प्रजा आपके चरण-दर्शन कर चुकी है। अब आप गवाक्ष से चरण हटाकर स्वस्थ होने की कृपा करें।

अग्निमित्र : **(चरण हटाते हुए)** हाँ! हाँ! **(पैर अन्दर कर स्थिर होते हैं विदूषक से कहते हैं।)** यह ठीक विधि है इसमें प्रजा चरणों के दर्शन भी कर लेती है और मैं राज्य कार्य भी कर लेता हूँ। **(कुटिलक से)** कहो आगे क्या समाचार है?

कुटिलक : **(विदूषक को देखकर)** महाराज कुछ संकोच है, कुछ भय। यदि अभय प्रदान करें तो कुछ निवेदन करूँ।

अग्निमित्र : पंडित मांढव्य का लेकर लेशमात्र भी संकोच करने की आवश्यकता नहीं है। विदूषक मेरे अविभाज्य अंग हैं।

विदूषक : धन्य हो!

अग्निमित्र : भय की आवश्यकता नहीं है। पूर्ण अभय प्रदान

करता हूँ। कहो क्या समाचार है?

कुटिलक : समाचार शुभ नहीं है। राज-विदूषक पंडित मांढव्य ने दोनों नाट्याचार्यों को अपमानित करके उनकी प्रतिद्वन्द्विता करानी चाही। सम्भवतः वे इस प्रकार मालविका को अत्रभवान के सम्मुख प्रस्तुत करना चाहते थे। परन्तु परिणाम इसके विपरीत निकले। दोनों आचार्यों ने प्रजा में असन्तोष फैलाकर जन-आन्दोलन खड़ा कर दिया है। **(क्षणिक विराम)** नगर में उपद्रव और उत्पात मचा हुआ है। चारों ओर अव्यवस्था उत्पन्न हो गयी है। आज रंगशाला में महाकवि कालिदास का नाटक हो रहा था कि तभी क्रुद्ध नागरिकों ने सूत्रधार का अपहरण कर लिया। यदि समय रहते स्थिति को नियंत्रित नहीं किया जाता है तो आन्दोलन के अधिक व्यापक हो जाने की सम्भावनायें हैं।

अग्निमित्र : **(विदूषक से)** यह क्या हुआ! मित्र तुम्हारा उपाय विपरीत परिणाम दे गया।

विदूषक : **(शान्त एवं गम्भीर स्वर में)** आजीवन राजान्न खाने वाले नाट्याचार्य क्या कोई सफल आन्दोलन चला सकते हैं? असम्भव! राजान्न तेज और बल का विनाश करता है।

अग्निमित्र : इन सुभाषितों से अब क्या लाभ मित्र? इस समय तो तत्काल कोई उपाय होना चाहिए।

विदूषक : महाराज आप चिन्ता न करें न निराश हों। इससे निपटने का दायित्व मुझ अकिंचन को सौंप दें। हम आपके सेवक हैं। स्थितियों के सम्मुख न तो हम दैन्य का परिचय देते हैं न पलायन करते हैं।

अग्निमित्र : पंडित मांढव्य जैसा आप उचित समझें करें। राजकुल की मर्यादा क्षीण नहीं होनी चाहिए। क्षीण मर्यादा पाप की वृद्धि करती है। पाप-बुद्धि

से कुल की स्त्रियाँ दूषित होती हैं। दूषित कुल-स्त्रियों से वर्णसंकर उत्पन्न...

विदूषक : शांतम् पापं! शांतम् पापं! महाराज इस समय आप विश्राम करें। कल प्रातः राजसभा में किसी न किसी उपाय सहित आपके दर्शन करूँगा। **(महाराज उठने का प्रयास करते हैं पर लगता है कमर में कुछ दर्द है। वे उसे पकड़कर दर्द से कराहकर पुनः बैठ जाते हैं। विदूषक सहारा देकर उन्हें अन्दर की ओर ले जाता है। प्रकाश मन्द होते-होते लुप्त हो जाता है।)**

दृश्य तीन

(भीड़ का दृश्य है। लोग उत्तेजित है। शोर-गुल तेज है।)

व्यक्ति एक : इस आन्दोलन की कोई ध्वनि राजप्रासाद तक नहीं है।

व्यक्ति दो : राजप्रासाद में जयध्वनि के अतिरिक्त और कोई भी शब्द वर्जित है।

(कुछ हँसते हैं। शोर और तेज होने लगता है। बीच में कभी कुछ शब्द उभरते हैं फिर वे शोर में डूब जाते हैं। दोनों नाट्याचार्य अलग-अलग विंग से तेजी से भागते हुए मंच पर आते हैं। जिसे दायीं और खड़ा होना है वह बायीं ओर से मंच पर आता है और जिसे बायीं ओर खड़ा होना है वह दाहिनी ओर से। अपने-अपने स्थान पर कुछ ऊँचाई पर से खड़े हो जाते हैं।)

हरदत्त : **(जोर से चिल्लाकर)** ठहरिये। ठहरिये।

(सारी भीड़ हरदत्त की ओर मुँह करके खड़ी हो जाती है।)

गणदास : शान्त! शान्त सभी सम्मानित नागरिकों को मेरा अभिवादन। **(समस्त भीड़ गणदास की ओर मुँह करके खड़ी हो जाती है)** आज संपूर्ण देश असन्तोष की सीमाओं पर खड़ा है।

हरदत्त : **(लगभग चीखते हुए बोलता है। जनता फिर हरदत्त की ओर मुख कर लेती है।)** महाराज

अग्निमित्र के कल्याणकारी राज्य में न आवास है न भोजन है और न ही वस्त्र।

गणदास : किसी वस्तु का न तो पर्याप्त उत्पादन है न वितरण। रोगी बिना चिकित्सा के ही मृत्यु को प्राप्त कर रहे हैं।

(जब गणदास बोलता है तो सारी भीड़ गणदास की ओर मुड़ती है और जब हरदत्त बोलता है तो सारी भीड़ हरदत्त की ओर मुड़ती है। धीरे धीरे यह प्रक्रिया तेज हो जाती है। दोनों बड़बड़ाहट के स्तर तक चले जाते हैं। भीड़ चकरघिन्नी की तरह नाचने लगती है। दोनों बड़बड़ाते रहते हैं। लोग धीरे-धीरे सरकने लगते हैं। कुछ देर में मंच पूरी तरह खाली हो जाता है। केवल दोनों नाट्याचार्य ही शेष रह जाते हैं। दोनों एक क्षण ठहरकर एक दूसरे को देखते हैं। फिर लम्बी साँस छोड़कर अपनी-अपनी ऊंचाईयों से नीचे आ जाते हैं। दोनों एक-दूसरे के पास आते हैं।)

हरदत्त-गणदास : अब हम हुए शान्त
जब नहीं रहा कोई शेष
कभी क्या बदला है
समाज
गायन से। वादन से। नृत्य से।
नहीं न!
या सत्ता
नहीं न!
(मौन)
तो क्या
व्यर्थ हुआ हमारा मनोरथ
व्यर्थ हुआ श्रम?
हो भी सकता है और नहीं भी
हुआ भी और नहीं भी।
(मौन)

हरदत्त तब?
गणदास तब?

हरदत्त-गणदास : चलो चलें। अन्वेषित करें
कोई सुदृढ़ नायक
वृषभस्कन्ध। उन्नत ललाट।
पुष्ट भुजाएँ। सिद्ध मनोरथ।
जिसके हाथों सौंपकर
यह आन्दोलन
हम निश्चित हो सकें।

हरदत्त : चलो चलें।

गणदास : चलो चलें।
(कोई हिलता नहीं है।)

दृश्य चार

(विदूषक का घर। मंच पर अकेली परिव्राजिका गेरुआ कपड़े पहने बेहद तन्मय होकर ईश्वर आराधना कर रही है। चाहें तो इकतारा आदि वाद्य भी ले सकती है।)

परिव्राजिका : प्रभु मेरे! अनन्त जन्मों से प्रतीक्षित हो तुम। आगमन में आँखें बिछाये-बिछाये थक गयी हूँ। आँखों में झाई पड़ गयी। जीभ में छालें पड़ गये हैं तुम्हारा नाम जपते-जपते। अब तो दर्शन दे दो प्रभु। यह जन्म भी अकारथ हो रहा है। आओ न प्रियतम। कब आओगे?

(तभी पीछे से विदूषक आकर परिव्राजिका के कन्धे पर हाथ रखता है।)

परिव्राजिका : **(सीत्कार के साथ उच्छवास छोड़कर)** आ गये तुम।

विदूषक : हाँ आ गया प्रिये। मैंने तुम्हें कहाँ नहीं खोजा? वन में बाग में। गलियों में। अन्त पुर के सभी कोनों में। पर तुम कहाँ मिलीं? यहाँ मेरे पास। मेरे निवास में।

परिव्राजिका : हाँ अन्तःपुर में मेरा अब मन नहीं लगता।

विदूषक : अब?

(परिव्राजिका हँस देती है।)

परिव्राजिका : महाराज कैसे-कैसे देखते हैं। मुझे बिलकुल अच्छा नहीं लगता।

विदूषक : तुम्हें?

(परिव्राजिका स्वीकृति में सिर हिलाती है।)

विदूषक : तो तुम्हें भी—

परिव्राजिका : नहीं वे प्रेम नहीं करते। बल्कि हर्म्य की सभी सेविकाओं पर अपना अधिकार समझते हैं।

विदूषक : प्रेम नहीं करते?

परिव्राजिका : नहीं। प्रेम तो वे आजकल मालविका से करते हैं।

विदूषक : अर्थात?

परिव्राजिका : अर्थात कल मालविका को भी छोड़कर किसी तीसरे से प्रेम करने लगें।

विदूषक : नहीं, नहीं। ऐसा नहीं हो सकता। तुमसे तो वे सचमुच—

परिव्राजिका : पर मैं तो आपसे-राज-विदूषक से प्रेम करती हूँ।

विदूषक : राज-प्रेम से समाज में तुम्हारा स्थान निरन्तर ऊँचा उठता जायेगा।

परिव्राजिका : जैसे-जैसे ऊँचाई बढ़ेगी वैसे-वैसे दृष्टि क्षीण होती जायेगी।

विदूषक : **(हँसकर)** यह तुम्हारी कल्पना है।

परिव्राजिका : यह मेरी रुचि और इच्छा का भी प्रश्न है।

विदूषक : इसीलिए तुम नाम-संकीर्तन कर रही थीं?

(परिव्राजिका लजा जाती है। तभी द्वार पर दस्तक होने लगती है। परिव्राजिका घबराकर छिपने का प्रयास करती है। विदूषक छिपने से रोकता है।)

विदूषक : **(द्वार खोलते हुए)** इस रात्रि के उत्तर प्रहर में कौन अतिथि है?

(कपाट खुलते ही दो व्यक्तियों का बिम्ब उभरता है। दोनों नाट्याचार्य है। आचार्य हरदत्त और

गणदास, शंकित होकर चारों ओर देखते हैं। दोनों हाथ जोड़कर परिव्राजिका को प्रणाम करते हैं। परिव्राजिका आशीर्वाद की मुद्रा बनाती है।)

विदूषक : कहें मित्र। इस प्रहर में इस प्रकार कैसे आना हुआ?

(दोनों सशंक होकर चारों ओर का निरीक्षण करते हैं।)

विदूषक : कहीं उस दिन की घटना से प्रेरित होकर तो नहीं आये हैं? सुना आपने मेरी बातों को अपना अपमान समझा।

हरदत्त : पंडित मांढव्य आप वास्तव में विद्वान हैं। गूढ़तम मनोभावों को समझते हैं।

परिव्राजिका : आचार्य जी आप लोगों ने यह ठीक नहीं किया।

हरदत्त : देवी आपका कथन सत्य है।

परिव्राजिका : पंडित मांढव्य आप सबके जितने शुभाकांक्षी हैं उतना शायद ही कोई हो।

हरदत्त : सहमत हूँ देवी,।

गणदास : हम सब आपके स्नेह से आप्लावित हैं। विद्यानुराग कलामर्मज्ञता का लोहा मानते हैं।

परिव्राजिका : फिर भी आप लोगों ने उसके स्नेह का यही प्रतिदान दिया है?

गणदास : हमें दुख है। प्रतिदान–

विदूषक : पर इस समय रात्रि के इस प्रहर में क्या आप यही कहने आये हैं?

गणदास : हरदत्त जो कहने आये हैं वह पर्याप्त गम्भीर है। अधिक भूमिका बांधे बिना ही उसे कह देना उचित होगा।

हरदत्त : उस दिन मालविका के नृत्य को लेकर आपने जो कुछ भी कहा उसके लिए हम आपको दोषी नहीं मानते हैं।

(विदूषक हँसता है।)

गणदास : हाँ महानुभाव। यह सत्य है। दोष उस व्यवस्था

का है जिसके अंग होने के कारण आपको वह सब कहना पड़ा जो आपके स्वभाव के अनुकूल नहीं था।

विदूषक : तब?

हरदत्त-गणदास : हम उस व्यवस्था की समाप्त कर नयी व्यवस्था का सृजन करना चाहते हैं जिसमें संगीत की झंकार जीवन में मुखरित हो उठे।

विदूषक : इसमें मैं क्या करूँ?

(एक लम्बा मौन)

हरदत्त : हम आपका सहयोग चाहते हैं नेतृत्व की आकांक्षा करते हैं।

गणदास : हाँ पंडित मांढव्य। इस समय प्रजा संघर्ष के लिए तत्पर हो चुकी है। उसे चाहिए एक सिद्ध मनोरथ सुदृढ़ नायक। इसके लिए आप-सा योग्य कोई नहीं—

विदूषक : आश्चर्य है! मैं योग्यतम हूँ? मेरे ही द्वारा अपमानित होकर आपने यह आन्दोलन खड़ा किया और अब आप ही लोग मुझसे ही इसके नेतृत्व के लिए कह रहे हैं।

गणदास : निश्चय ही यह स्थान आपके अतिरिक्त और कोई दूसरा ग्रहण नहीं कर सकता। इस राजवंश का अमृतकुंड किस नाभि में अवस्थित है यह मात्र आप ही जानते हैं। अतः आप ही हमारा नेतृत्व करें।

परिव्राजिका : इस तरह के आन्दोलनों में महाराज के विरुद्ध खड़ा होना पंडित मांढव्य को शोभा देता है

हरदत्त : देवी प्रश्न शोभा का नहीं राष्ट्रीय स्वाभिमान का है। आत्मगौरव का है। सामान्य प्रजा इस आन्दोलन की मुक्तिदायिनी गंगा की तरह देख रही है। वह युगों से पीड़ा का भार वहन करती आ रही है। यह आन्दोलन उनके सुखी जीवन की आकांक्षा का प्रतिफल है।

गणदास : और देवी, पंडित मांढव्य के राज्यारोहण से आपको भी तो संतोष मिलेगा न? आपको राजमहिषी का सम्मानजनक पद भी प्राप्त होगा। तब आपकी और देखने या उँगली उठाने का कोई साहस भी नहीं कर सकेगा।

(परिव्राजिका मुदित होती है।)

परिव्राजिका : और आप लोगों को...

हरदत्त-गणदास : हमें न तो राज्य की इच्छा है न स्वर्ग की आकांक्षा है। हमारा तो इस भारत भूमि के दुखियों की पीड़ा दूर करने के लिए बार-बार इसी भारत भूमि में जन्म लेने का मनोरथ है।

परिव्राजिका : मात्र भारत के ही दुखियों का क्यों?

हरदत्त-गणदास : भारत हमारी माता है। यहाँ के पीड़ितों का ही दुःख हरना हमारा मनोरथ है।

परिव्राजिका : दुख और पीड़ा का पूर्ण नाश क्या कभी सम्भव नहीं होगा?

गणदास : यह चिन्ता तो ब्रह्मज्ञानियों और संन्यासियों की है, राजमहिषि।

परिव्राजिका : राजमहिषि! इस सम्बोधन के लिए धन्यवाद।

हरदत्त-गणदास : हम भावी राजमहिषी का धन्यवाद स्वीकार करते हैं। यह प्रार्थना करते हैं वह सर्वशक्तिमान पंडित मांढव्य को इस लोक कार्य के लिए प्रेरित करें।

परिव्राजिका : धन्य हो! मैं इसकी निमित्त बनूँगी। जन हित को ध्यान में रखकर पंडित मांढव्य को नेतृत्व स्वीकार करना ही होगा।

गणदास-हरदत्त : प्रभु आपका संकल्प सफल करे।

(दोनों अभिवादन करके चले जाते हैं। परिव्राजिका विदूषक के पास जाती है। दोनों एक-दूसरे का हाथ पकड़ते हैं। प्रकाश धीरे-धीरे लुप्त हो जाता है।)

दृश्य पाँच

(अन्तःपुर का दृश्य। परिचारिकायें बकुलावलिका और मधुकरिका श्रृंगार प्रसाधन एकत्र कर रही हैं। अगरूर धूप सुलग रहा हैं।)

बकुलावलिका : यह रहा दर्पण— **(छोटा दर्पण निकालती है।)**

मधुकरिका : बकुलावलिके, अलक्तक किधर है?

बकुलावलिका : सम्भवतः दक्षिणी अलिंद पर है।
(मधुकरिका खोजती हुई उधर जाती है।)

मधुकरिका : अरे! वाह! यहाँ तो अंगराग और कुंकुम भी है।

बकुलावलिका : अलक्तक मिला कि नहीं?

मधुकरिका : मिला! मिला! तुम्हारी दूर-दृष्टि की तो मैं सदा से प्रशंसक रही हूँ।

बकुलावलिका : बातें न बनाओ। शीघ्र वेदिका तैयार करो और महारानी को श्रृंगार के लिए आमंत्रित करो।
(नेपथ्य में महाराज के लिए जयध्वनि।)
(नेपथ्य से एक स्त्री स्वर बकुलावलिके मधुकरिके! सामग्री तैयार है? महारानी शीघ्र श्रृंगार के लिए उपस्थित होना चाहती हैं।)

बकुलावलिका-मधुकरिका : बस सब अभी तैयार हुआ जाता है।

बकुलावलिका : कंकण नुपुर तो मिले पर केयूरवलय अंगद सब कहाँ है?

मधुकरिका : **(अलिंद के पास से)** यह रहा हेमसूत्र।

बकुलावलिका : अरे हेमसूत्र वहाँ? लाओ, दो। सब अस्त-व्यस्त पड़ा है।

मधुकरिका : न तो महाराज को अपने प्रेम-प्रसंगों से अवकाश है और न ही महारानियों को अपने विरह से। श्रृंगार प्रकोष्ठ की चिन्ता करे भी तो कौन?

बकुलावलिका : उसी के लिए तो हम-तुम हैं सखी!

मधुकरिका : तो क्या हम लोग अपना श्रृंगार करके महाराज को रिझायें?

बकुलावलिका : आश्चर्य नहीं यदि रीझ जायें तो।

मधुकरिका : तुम तो सदा परिहास करती रहती हो।

बकुलावलिका : परिहास क्यों? क्या महाराज अपनी दासियों पर रीझते नहीं? अब आजकल परिव्राजिका पर उनकी दृष्टि नहीं है क्या?

मधुकरिका : अरे वह तो पहले से ही विदूषक की प्रिया है।

बकुलावलिका : तो क्या महाराज उसे विदूषक से प्रेम करने से मना करेंगे? नहीं-नहीं ऐसा नहीं होगा। उनकी इच्छा मात्र इतनी है कि वह उनसे भी प्रेम करे।

मधुकरिका : यह विलास है प्रेम नहीं।

बकुलावलिका : कुछ भी हो महाराज का पदेन अधिकार है कि वे परिव्राजिका से प्रेम—

(तभी झटके से इरावती और धारिणी प्रवेश करती हैं और श्रृंगार-वेदिका पर बैठकर श्रृंगार करवाते हुए कहती हैं।)

इरावती : कौन परिव्राजिका से प्रेम कर रहा है?

धारिणी : महाराज के सिवा और कौन हो सकता है?

इरावती : इधर तो ये मालविका प्रसंग में उलझे हुए थे। परिव्राजिका का तो कुछ विदूषक से सुनाई पड़ा था।

बकुलावलिका : अरे, क्या आप लोगों को सब ज्ञात हो गया है?

: यह प्रेयसी-प्रेम और दासी-प्रेम का अन्तर है।

बकुलावलिका : वह महाराज के हाथ आने वाली नहीं। विदूषक के पास उसे जो एकाधिकार मिलेगा उसे यह कभी छोड़ नहीं सकती।

इरावती : महाराज को क्या? यह तो उनका नित्यकर्म है।

धारिणी : अब और सहन नहीं होता।

इरावती : इसके सिवा कोई चारा नहीं।

धारिणी : चारा नहीं इसी का तो दुःख है।

(अग्निमित्र प्रवेश करते हुए कहता है।)

अग्निमित्र : और मुझे भी इसी का दुख है। **(देखकर चौंकता है।)** अरे! आप दोनो यहाँ? पिछले न जाने कितने दिनों से यह प्रकोष्ठ बन्द पड़ा था। पर आज अचानक उसे खुला देखा तो सोचा चलकर भीतर देखूँ। आप लोगों को यहाँ देखकर बड़ी प्रसन्नता हुई।

धारिणी : पर अभी-अभी आप कह रहे थे कि आपको दुःख है।

अग्निमित्र : यह सब तो राजकाज है।

इरावती : आपका दुख किस राज-काज से हैं हमें ज्ञात है।

धारिणी : आप कितना ही टालना चाहें पर हमें सूचना कही-न कहीं से हो ही जाती है।

अग्निमित्र : आप व्यर्थ ही क्रोध कर रही हैं। इसका कोई कारण नहीं है।

(कुछ पलों का मौन। दोनों रानियाँ एकदम चुप हैं। अग्निमित्र को उनका मौन भारी लगता है। वह अलक्तक उठाता है पर रानियाँ उठकर प्रकोष्ठ से बाहर जाने लगती हैं। वह उन्हें रोकने की चेष्टा करता है। अन्त में इरावती को रुकना पड़ता है। अग्निमित्र उसे बलपूर्वक बिठाकर उसके पैरों में अलक्तक लगाने लगता है।) (कंचुकी का प्रवेश।)

कंचुकी : महाराज की जय हो।

अग्निमित्र : कहो।

कंचुकी : महाराज प्रजा प्राचीर-गवाक्ष पर आपके चरणों के दर्शन के लिए उपस्थित है। **(मौन)** प्रतीक्षा कर-करके व्याकुल हो रही है।

अग्निमित्र : तुम मेरी व्यस्तता देख तो रहे हो। मैं कर ही क्या सकता हूँ? **(मौन)** हाँ, सुनो? प्रजा क्या

मेरा दर्शन करती है?

कंचुकी : नहीं महाराज। प्रजा आपका नहीं आपके चरणों का दर्शन करती है। इस प्रकार आप राज-कार्य भी कर लेते हैं और प्रजा गवाक्ष से लटके आपके चरण-कमलों का दर्शन भी कर लेती है। बहुत-से नेमी लोग तो ऐसे हैं जो चरण-दर्शन चरण-वन्दना के बाद ही जल गृहण करते हैं।

अग्निमित्र : जब चरणों के ही दर्शन होने हैं तो क्या अन्तर पड़ता है चरण मेरे हों या तुम्हारे।

कंचुकी : जी! आपका तात्पर्य मुझे स्पष्ट नहीं हुआ।

अग्निमित्र : स्पष्ट है। देखो मैं तुम्हें बताता हूँ। तुम्हारे पैर में कितनी उँगलियाँ हैं?

कंचुकी : **(गिनकर)** एक-दो-तीन-चार-पाँच।

अग्निमित्र : पाँच ही मेरे चरण में भी है। देखने में लगभग वैसा ही है। क्यों न आज प्रजा के दर्शन महात्म्य के लिए तुम्ही अपने पैर गवाक्ष से लटका दो? **(कंचुकी हकबकाता है।)** इससे प्रजा को पुण्य-लाभ होगा। तुम्हारी स्वाभिभक्ति सिद्ध होगी और मैं अपना व्यस्त कार्यक्रम पूरा कर सकूँगा। सभी का मनोरथ फलीभूत होगा।

कंचुकी : पर-परन्तु–

अग्निमित्र : पर-पर क्या?

कंचुकी : जी-जी वह गन्दा है।

अग्निमित्र : ठीक है पहले पैर धोना। फिर कोष से चाँदी की पादुकाएँ लेकर पहन लेना। तब पैर गवाक्ष से लटकाना। **(कंचुकी अवाक।)** शीघ्रता करो यह मेरी आज्ञा है। **(कंचुकी का प्रस्थान। कुछ देर तक कोई वाद्य बजता रहता है। इसी बीच अग्निमित्र इरावती के पैरों में अलक्तक लगाता रहता है। थोड़ी देर बाद नेपथ्य से 'महाराज अग्निमित्र की जय' 'कृपा चरणकमल की जय' की ध्वनियाँ सामूहिक रूप से सुनाई देती हैं')**

दृश्य छह

(यह दृश्य प्राचीर-गवाक्ष के बाहर एकत्रित उस जन-समुदाय का है जो महाराज अग्निमित्र के चरणकमल के दर्शन करने आया है। वे 'महाराज अग्निमित्र की जय' 'कृपा चरणकमल की जय' आदि जय ध्वनियाँ करते रहते हैं। प्रार्थना आरम्भ होती है।)

ओम श्रीचरणाय नमः।
ओम श्री चरणाय नमः।
ओम श्री चरणाय नमः।
नमामि चरणं
चरणं शरणं
चरणं वरणं
चरणं कमल नमामि।
चरणंकमलं पुष्पमुत्फुल्लं च ससौरभं।
यज्ञ धूमात्मकं धूपं दीप वै रवि समयोः।।
जनकं चरणं वन्दे यद् विश्वासरूपिणं।
सन्मार्ग दर्शकं लोके ताप प्रियकारिणं।।
सच्चिदानन्दरूपाय विश्वमंगलहेतवे।
विश्वधर्मकमूलाय नमोस्तु चरणात्मते।।
चरणं करोति वाचालं पंगु लघंयते गिरिम्।
यत् कृपा तमऽहम् वंदे चरणानन्द माधवं।।
ओम शान्तिः ओम शान्तिः। ओम शान्ति।।

(प्रार्थना समाप्त होने पर विसर्जित होते लोग बातचीत करते हैं।)

एक : तुम्हें आज कुछ लगा?

दो : क्या?

एक : कोई अन्तर नहीं लगा?

दो : नहीं मुझे तो कुछ नहीं लगा। क्या बात थी?

एक : चरणों को देखा?

दो : हाँ देखा।

एक : फिर भी कुछ नहीं लगा?

दो : नहीं तो।

एक : आज इन चरणों में वह बात नहीं थी।

दो : क्या मतलब?

एक : वह आब। वह आभा। वह सौन्दर्य। इन चरणों में वह बात नहीं थी।

तीन : वह बात कहाँ?

चार : ठीक कहते हो?

दो : क्या बकते हो। नित्य ही तो दर्शन कर रहा हूँ।

तीन : क्या उम्र है तुम्हारी?

एक-दो : तुम्हारे पैदा होने से पहले से हम दर्शन करते आ रहे है।

तीन : हम नेमी हैं। बिना दर्शन किये पानी भी नहीं पीते।

चार : पर आज वह बात कहाँ?

पाँच : हम तो जान गये?

चार : क्या जान गये?

पाँच : वही जिसे तुम जानकर भी अनजान हो।

चार : क्या जान गये हो?

तीन : हों बताओ।

एक : चुप! बकवास बन्द करो।

पाँच : मैं जो जानता हूँ। तुम भी जानते हो।

एक : तब फर्क किस बात का है?

पाँच : फर्क है कहने का खतरा उठाने की ताकत का।

तीन : अब कह भी डालो।

चार : हाँ, कहो।

पाँच : आज जो चरण प्राचीन-गवाक्ष से लटके थे वे महाराज के नहीं थे।

शेष सब : तब किसके थे?

पाँच : यह अब आप पता करो।

(कोलाहल बढ़ता जाता है। तभी दोनों नाट्याचार्यों का प्रवेश होता है। दोनों एक-का हाथ पकड़ कर सटकर चल रहे हैं वे संवाद कोरस में बोलते हैं।)

हरदत्त-गणदास : शान्त! शान्त! ठहरिये! ठहरिये!
सभी सम्मानित नागरिकों को–

गणदास : मेरा–

हरदत्त : मेरा–

(दोनों एक दूसरे का मुँह देखते हैं। फिर एक साथ–दोनों) सभी सम्मानित नागरिकों को हमारा अभिवादन। **(लोग अब शान्त हैं। दोनों एक साथ गा-गाकर बोलते हैं।)**

हरदत्त-गणदास : आज सम्पूर्ण देश असन्तोष की सीमाओं पर खड़ा है। महाराज अग्निमित्र के कल्याणकारी राज्य में न आवास है न भोजन है न ही वस्त्र। किसी वस्तु का न तो पर्याप्त उत्पादन है न वितरण। रोगी बिना चिकित्सा के मृत्यु को प्राप्त कर रहे हैं। ऐसी स्थिति में विरोध को सार्वजनिक रूप प्रदान करना पड़ा है। ऐसा एक व्यापक जनान्दोलन आप सब के सहयोग से खड़ा हो गया है। इसे नेतृत्व की आवश्यकता थी। हम सबने मिलकर तलाशा एक वृषभ-स्कंध सुदृढ़ नायक। उनका नाम है मांढव्य। राज-विदूषक।

(कोलाहल–विदूषक महाराज के व्यक्ति हैं... 'ध्वनि धीरे-धीरे बढ़कर समाप्त हो जाती है।)

हरदत्त-गणदास : आप लोगों की बात सत्य थी। पर अब नहीं है।

विदूषक का प्रेम परिव्राजिका से है। इस प्रसंग से महाराज विदूषक से क्रुद्ध हैं। यह वस्तुतः मूलभूत मानव अधिकारों की लड़ाई है अतएव राज-विदूषक पंडित मांढव्य हमारे साथ हैं। उन्होंने इस लड़ाई में कृपापूर्वक हमारा नेतृत्व स्वीकार किया है।

(विदूषक का प्रवेश। प्रजा की हर्षध्वनि। विदूषक जनता का अभिवादन करता है। हर्षध्वनि तेज होती है। अब यह ऊँचे मंच पर जिस पर दोनों नाट्याचार्य खड़े थे खड़ा हो जाता है। उसके पीछे दोनों आचार्य खड़े हैं।)

विदूषक : मेरे देश के सम्मानित नागरिकों! मैं आप सबका अभिवादन करता हूँ। आप लोगों के समान जागरूक लोगों के ही द्वारा कोई भी देश कोई भी राष्ट्र, एक जीवन्त राष्ट्र बन सकता है। जागरूक नागरिक ही किसी भी देश की मुख्य धारा के प्राण होते हैं। इस जागरूकता के अग्रदूत आचार्य हरदत्त एवं आचार्य गणदास का भी मैं अभिवादन करता हूँ। इन दोनों ने ही सच्चे बुद्धिजीवियों की भूमिका निभायी है। वे मशाल लेकर चले और उन्होंने ही जनता को वास्तविक स्थितियों के प्रति सचेत बनाया। लोगों को सचेत बनाना एक बात है और सुधारना दूसरी बात। सुधारने के लिए ताकत और सामर्थ्य का होना अनिवार्य है। हरदत्त जी हों या गणदास जी उनका यह क्षेत्र नहीं है। वे संगीत-नृत्य के व्यक्ति हैं आन्दोलन उनके बस की बात नहीं। **(दोनों नाटयाचार्य पहले कुनमुनाते हैं फिर स्वीकृति में सिर हिलाते हैं।)** मैंने अब इस आन्दोलन का नेतृत्व ग्रहण किया है तो मैं यह मानता हूँ कि मुझे आप सबके सामने यह स्पष्ट कर

देना चाहिए कि मैं आन्दोलन से क्या समझता हूँ। वस्तुतः यह आन्दोलन किसी के विरुद्ध नहीं है। बल्कि यह प्रजा की पक्षधरता का आन्दोलन है। **(हर्षध्वनि)**। जब मैं यह कहता हूँ कि यह किसी के विरुद्ध नहीं है तो इसका मतलब हैं कि महाराज के विरुद्ध भी नहीं है। हमारी लड़ाई व्यवस्था के उन मूल्यों के प्रति है जिनका प्रतिनिधित्व महाराज करते हैं। इस प्रकार अन्ततः हमारा संघर्ष उस अमूर्त व्यवस्था के प्रति है जो हम सब से निरपेक्ष है, जिसके न तो हम अंग हैं न महाराज। व्यवस्था मात्र एक निमित्त है हमारे कालाग्नि सदृश सात्विक क्रोध को व्यक्त करने का। वह एक माध्यम है। लक्ष्य नहीं। हमारे लक्ष्य महान हैं। वें सनातन मानवीय आदर्शों मूल्यों के स्थापना के कारण हैं। इस प्रकार हम परम वैभव सम्पन्न राष्ट्र की रचना करेंगे। यह कैसे सम्पन्न होगा यह एक निरर्थक प्रश्न है ऐसा हम मानते हैं। हम सब मिलकर बैठकर अपने आक्रोश-क्रोध को विरेचित करते रहेंगे तो यह सब स्वतः ही एक दिन सम्भव हो जायेगा। यह हमारा विश्वास है। इस विश्वास को कोई भी विचार कोई भी ज्ञान न तो बदल सका है न बदलेगा। जो भी विचार उसे बदलने का प्रयास करता है वह विचार नहीं आत्मघात है। हमारी दृढ़ता हमारा संकल्प ही हमारा कवच है जो हमें आत्मघात से बचायेगा। जय संघर्ष।

(जनता जय-जयकार करती है : 'निपुण विदूषक पंडित मांढव्य की जय।')

दृश्य सात

(राजसभा का दृश्य। मंच की तीनों आंतरिक दीवारों की ओर मुँह करके रक्षक खड़े हैं। वे क्रमशः दर्शकों की ओर मुँह करने की क्रिया के साथ 'महाराज अग्निमित्र की जय' की गुहार लगाते जाते हैं। जब सबके मुँह दर्शकों को दिखने लगें तभी नेपथ्य से तेज चीख-पुकार का स्वर सुनायी पड़ता है जिसे 'महाराज अग्निमित्र की जय' के तीव्र सामूहिक जय-घोष दबा देते हैं। महाराज अन्तःपुर के प्रकोष्ठ की सीढ़ियों से धीमी किन्तु गरिमामय चाल से उतरकर सिहासन की ओर मुड़ते हैं। उनके पीछे परिचारक-परिचारिकाओं का समूह उतरता है। सब अपना-अपना स्थान ग्रहण करते हैं। दो परिचारिकाएँ चँवर डुलाती हैं। तीसरी पात्र में चषक से मदिरा डालकर महाराज को देती है। नेपथ्य में पुनः शोर होता है जिसे पुनः रक्षक अपनी जयध्वनि से दबा देते हैं।)

अग्निमित्र : मेरी जयध्वनि के अतिरिक्त और भी कोई स्वर यहाँ गूँज रहा है। यह कैसे सम्भव हुआ?
(कुछ परिचारिकाएँ सभी दिशाओं में कान लगाकर कुछ सुनने का प्रयास करती हैं। रक्षक

मंत्र की तरह 'महाराज अग्निमित्र की जय' का निरन्तर जाप कर रहे हैं।)

परिचारिकाएँ : जयध्वनि है महाराज! इसके अतिरिक्त कोई स्वर यहाँ प्रविष्ट ही कैसे हो सकता है?

अग्निमित्र : **(खीझकर)** है! है! है! कोई और भी स्वर यहाँ है। मैं पूछता हूँ यह दुस्साहस कैसे हुआ?

(विदूषक का प्रवेश। अग्निमित्र उधर कोई ध्यान नहीं देते हैं।)

अग्निमित्र : **(अपनी रौ में)** इस सम्पूर्ण अतिचार को मैं कुचल दूँगा। **(तत्काल उसकी साँस फूलने लगती है।)**

विदूषक : धैर्य रखें देव। धीरत्व के नाश से नायकत्व का लोप हो जाता है।

अग्निमित्र : कौन?

विदूषक : मैं विदूषक। आपका अविभाज्य अंग।

अग्निमित्र : क्या कह रहे हो?

विदूषक : महाराज शास्त्रों में चार प्रकार के नायक वर्णित हैं। धीरोदात्त धीरललित, धीरप्रशान्त, धीरोद्धत। चारों का समान गुण है धीरत्व। धीरत्व का नाश होते ही नायकत्व विनष्ट हो जाता है।

अग्निमित्र : वह कौन है जिसने मेरा धीरत्व विनष्ट किया है?

विदूषक : महाकवि कालिदास।

अग्निमित्र : उसे तत्काल यहाँ मेरे सम्मुख उपस्थित करो।

विदूषक : युगों पूर्व कालिदास ने हमारा सृजन किया और तिरोहित हो गये। कालिदास हमारे सर्जक हैं नियामक नहीं। हमारी रचना करके उन्होंने हमें युगों की पीड़ा और करुणा वहन करने को छोड़ दिया। हम पात्र नहीं हैं। हम हैं युगों की प्रवृत्तियाँ।

अग्निमित्र : मित्र यदि हम स्वयं अपने नियामक हैं तो अब हमारी नियति का पथ क्या होगा?

विदूषक : उसे ही कहने जा रहा हूँ? देव धैयपूर्वक सुनें।

(कुछ पल मौन) कल रात्रि मैंने आन्दोलन का नेतृत्व ग्रहण कर लिया है।

अग्निमित्र : **(उत्तेजित होकर)** तुमने! राज-विदूषक ने!

विदूषक : हाँ! मैंने राजविदूषक ने। **(मौन)** अब यह जन-आन्दोलन उस मोड़ पर पहुँच गया था जहाँ उसे नेतृत्व की आवश्यकता थी। उन्होंने मुझे अपना प्रतिनिधि चुन लिया है।

अग्निमित्र : वे सब! गणदास हरदत्त! जनता के वे सब लोग जो आन्दोलन में संलग्न हैं जन-आन्दोलन से अपना प्रतिनिधि क्यों नहीं चुनते?

विदूषक : इतने दिनों तक राजान्न ग्रहण करने की कुछ मर्यादायें होती हैं देव। उनका संस्कार आन्दोलन से विकसित किसी व्यक्ति को अपना प्रतिनिधि स्वीकार ही नहीं कर सकता। वे तो आपके कुल से ही किसी को अपना प्रतिनिधि चुन सकते हैं। आपके कुल का पुण्य अक्षय है।

अग्निमित्र : यह तो उत्तम है। पर कुल में ही संघर्ष हो यह तो अशोभन होगा।

विदूषक : संघर्ष कहाँ है राजन? पक्ष भी हम ही हैं विपक्ष भी हम ही।

अग्निमित्र : तो यह आन्दोलन क्यों?

विदूषक : प्रजा का ध्यान मालविका प्रकरण से हटाने के लिए। आपका शौर्य स्थापित करने के लिए–

(महाराज हँसते हैं)

अग्निमित्र : तुम धन्य हो! तुम्हारी बुद्धि का मैं सम्मान करता हूँ।

(प्रहरी का प्रवेश)

प्रहरी : महाराज की जय हो! चित्रकार चित्र सहित उपस्थित है।

विदूषक : कौन चित्रकार?

अग्निमित्र : मालविका का चित्र। **(प्रहरी से)** प्रवेश की आज्ञा है।

(प्रहरी का प्रस्थान। चित्रकार का प्रवेश। साथ में कपड़े में लिपटा हुआ एक आदमकद फ्रेम है। आकर महाराज का अभिवादन करता है।)

चित्रकार : महाराज की जय हो! चित्र प्रस्तुत है। यह चित्र परख है भावमयता की प्रेम की दृढ़ता की और सच्चे अनुराग की। जिसमें यह अनुराग होगा वही इस चित्र को देख सकेगा। शेष को चित्र गोचर नहीं होगा मात्र फलक ही दिखायी देगा।

(चित्रकार धीरे-धीरे कपड़ा हटाता है। मात्र फ्रेम उसके भीतर से निकलता है। उसके भीतर न तो चित्र है न कैनवास। वह फ्रेम को ठीक महाराज के सामने रखता है। बीच में से महाराज साफ दिखाई देते हैं। महाराज अवाक हैं! फ्रेम को दाहिनी ओर व बांयी ओर से परिचारिकाएँ पकड़ लेती हैं। इससे फ्रेम सीधा है वे दोनों फ्रेम को निहारती हैं।)

परिचारिका एक : अहा मुख जैसे श्वेत कमल!

परिचारिका दो : सौन्दर्य-शरद पूर्णिमा की झर-झर झरती चाँदनी।

परिचारिका एक : केश जैसे मुखकमल पर लहराते भौंरे।

परिचारिका दो : उरोज अमृत-कलश—

परिचारिका एक : बाँया हाथ कटि देश पर न्यस्त—

परिचारिका दो : कंकण कलाई पर—

परिचारिका एक : दाहिना हाथ श्याम लता के समान झूम पड़ा—

परिचारिका दो : कमनीय देहलता नृत्य-भंग से झुक गयी।

परिचारिका एक : अधरों पर स्मित-रेखा प्रकट हो आयी है।

परिचारिका दो : आँखें झुक आयी-

परिचारिका एक : अहा।

परिचारिका दो : अहा!

दोनों : अहा-हा।

(दोनों शान्त हो जाती हैं।)

अग्निमित्र : तुम्हारे रचना कौशल से मैं मुग्ध हुआ।

विदूषक : महाराज की मुग्धता से मैं भी मुग्ध हुआ।

अग्निमित्र : आपकी रचना के माध्यम से मैं अपनी दृष्टि से साक्षात्कार कर सका। अतः धन्यवाद। **(अग्निमित्र अपने गले से हीरों का हार निकालकर चित्र के बीच में से फेंककर चित्रकार को प्रदान करता है।)**

अग्निमित्र : आप प्रहरी के साथ जाकर राजकोष से अपना पारिश्रमिक प्राप्त कर लें। **(चित्रकार पुनः अभिवादन करता है। प्रस्थान। परिचारिकाएँ चित्र उठाकर भीतर रखती हैं।)**

अग्निमित्र : कहिए कैसा लगा चित्र?

विदूषक : बहुत अच्छा! बहुत सुन्दर! एकदम दिव्य!

अग्निमित्र : मालविका मिलेगी न?

विदूषक : प्रयत्नशील तो हूँ।

अग्निमित्र : तुम भी तो सुना कहीं अनुरक्त हो। **(विदूषक मुस्कराता है)** क्यों गोपनीय है? मुझे भी नहीं बताओगे?

विदूषक : परिव्राजिका।

अग्निमित्र : वाह! तुम्हारी सुरुचि प्रशंसनीय है। यदि मालविका बीच में न आ गयी होती तो मैं इन दिनों उसी से प्रेम करने की सोच रहा था। खैर। मेरी शुभकामनाएँ। **(मौन)** हाँ सुनो। कहीं इसे लेकर आन्दोलन-- **(विदूषक हँसता है)** तुम्हारी बुद्धि का तो मैं कायल हूँ ही।

विदूषक : महाराज कुछ निवेदन करना चाहता हूँ।

अग्निमित्र : हाँ-हाँ कहो।

विदूषक : महाराज चरण-दर्शनवाली चाँदी की पादुकाएँ यदि प्रजा को अर्पित कर दी जायें तो प्रजा पर हमारा प्रभाव बढ़ेगा।

अग्निमित्र : पर राजकोष का क्या होगा?

विदूषक : उस पर भी विचार किया है। पादुकाएँ देने से जो कोषक्षति होगी उससे कई गुना प्राप्त करने की व्यवस्था की जा सकती है।

अग्निमित्र : कैसे?

विदूषक : प्रजा पर अतिरिक्त कर का प्रावधान करके।

अग्निमित्र : कर का स्वरूप क्या होगा और कैसे वसूला जायेगा यह भी विचारणीय है। मुझे इस प्रस्ताव पर कोई आपत्ति नहीं है। **(कुछ पल बाद)** अब थोड़ा विश्राम करना चाहता हूँ।

(विदूषक उन्हें सहारा देकर भीतर ले जाता है। शेष लोग भी उन्हीं के साथ भीतर जाते हैं। प्रकाश लुप्त।)

दृश्य आठ

(अन्तःपुर। धारिणी और इरावती के साथ अग्निमित्र उपस्थित है।)

अग्निमित्र : **(अँगड़ाई लेकर)** तनिक भी विश्राम नहीं मिला।

धारिणी : राजकार्य में कोई विशेष बाधा तो नहीं आ गयी है?

इरावती : वह तो होगी ही। सुना है, महाराज दरबार में बैठकर तूलिका से षोडषियों के चित्र बनाते रहते हैं।

धारिणी : इधर आपका ध्यान कहीं और रहता है। सम्भवतः इसी कारण कोई कठिन स्थिति उत्पन्न हुई है।

अग्निमित्र : नहीं कोई कठिन बात नहीं है। सब सामान्य है। इतने बड़े राज्य का संचालन कोई साधारण कार्य तो है नहीं थकावट आ ही जाती है।

इरावती : **(कंचुकी से)** महाराज के लिए कुछ शीतल पेय प्रस्तुत करो।

(धारिणी और इरावती दोनों उन्हें पंखा झलने लगती हैं।)

धारिणी : **(कंचुकी से)** संगीत-दीर्घा में कहो कोई मधुर रागिनी छेड़ें।

(नेपथ्य में मधुर वाद्य्र बजने लगते हैं। कंचुकी महाराज के लिए शीतल पेय ले आता है। उसे महाराज ग्रहण करते हैं। धारिणी चौपड़ ले आती है। उसे बिछाकर उत्साहपूर्वक खेल देखती है।

मोहरों को उठा-उठाकर इधर-उधर रखती है।)

कंचुकी : **(प्रवेश करके)** कुटिलक नगर का समाचार लेकर उपस्थित हैं।

अग्निमित्र : उन्हें यहीं उपस्थित होने की अनुमति है।

(कंचुकी का प्रस्थान। कुटिलक का प्रवेश।)

कुटिलक : महाराज की जय हो।

अग्निमित्र : **(चौपड़ खेलते हुए)** कहो कुटिलक, क्या समाचार है?

कुटिलक : महाराज आन्दोलनकारी चारों ओर उमड़े पड़ रहे हैं। राजकीय भवनों और वाहनों को ध्वंस करते हुए आगे बढ़ रहे हैं। लगता है थोड़ी ही देर में दुर्ग और राजप्रसाद पर भी आक्रमण करेंगे।

(अग्निमित्र बड़े ही शान्त भाव से चौपड़ के पासे फेंकता रहता है।)

अग्निमित्र : और कुछ?

कुटिलक : और कुछ नहीं?

(अग्निमित्र चौपड़ खेलने में व्यस्त हो जाता है। कुटिलक मौन खड़ा रहता है। थोड़ी देर में धीरे-धीरे वह वहाँ से सरकने लगता है, महाराज देख लेते हैं।)

अग्निमित्र : हाँ और सुनो कोई विशेष बात हो तो सूचना देना। अब तुम जा सकते हो।

(कुछ देर धीमे प्रकाश में चौपड़ का खेल चलता रहता है। इस बीच सितार पर कोई धुन बच रही है। हँसी और सितार आदि के स्वर एक-दूसरे में घुल-मिल जाते हैं। कंचुकी दौड़ता हुआ आता है। सितार थम जाता है। प्रकाश कुछ तीव्र होता है।)

कंचुकी : महाराज, आन्दोलनकारी नगर को ध्वंस करते-करते यहीं पहुँच गये हैं। हम लोग चारों ओर से घिर गये हैं।

(शहर से चीख-पुकार का स्वर तेजी से आने लगता है। लकड़ी का दरवाजा तोड़े जाने का स्वर। सब ओर अन्धेरा होता जा रहा है। मात्र अग्निमित्र के मुख पर एक आलोक-वृत रह जाता है। धीरे-धीरे वह वृत भी छोटा होता हुआ लुप्त हो जाता है।)

दृश्य नौ

(सिंहासन पर विदूषक आरुढ़ है। अन्य सभी अपना-अपना स्थान ग्रहण किये हुए हैं। एक कोने में अग्निमित्र ऐसे खड़ा है जैसे लगता है कटघरे में है। प्रजा कोलाहलयुक्त है। कुछ अस्पष्ट शब्दों में 'महाराज मांढव्य की जय' का स्वर सुनाई देता है।)

मांढव्य : सम्मानित प्रजाजन! आप सबको महाराज मांढव्य का अभिवादन स्वीकार हो। विदूषक मांढव्य को महाराज मांढव्य में परिवर्तित करने का श्रेय आप सबका है। मैं इसके लिए आप सबको धन्यवाद नहीं दूँगा। धन्यवाद तो स्वयं से भिन्न दूसरे को दिया जाता है। पर आप हमसे अभिन्न हैं। हममें द्वैत है ही नहीं। यह सम्पूर्ण परिवर्तन आपके द्वारा और आपके लिए है। सारा संघर्ष आपका था। विजय आपकी है। **(हर्षध्वनि)**। मित्रों यह समय हर्ष का नहीं है। यह समय गहरी चुनौतियों को स्वीकार करने लगन से परिश्रम करने का है। इस सम्पूर्ण प्रसंग में मैं एक निमित्त मात्र रहा हूँ। मेरी इच्छा तो बस इतनी है कि जब 'भी इतिहास में मुझे याद करें तो एक ऐसे व्यक्ति के रूप में जिसने अपनी प्रजा को अत्यंत स्नेह किया

और बदले में उसे कई गुना अधिक स्नेह प्रजा से मिला। और यह स्नेह ही हमारी शक्ति और प्रेरणा है। इसी सन्दर्भ में मैं भूतपूर्व महाराज से यह जानना चाहता हूँ कि उन्होंने प्रजा के कल्याण के लिए कौन-सा कार्य किया? किया भी या नहीं?

(महाराज सिर उठाते हैं। एक लम्बा मौन। वे धीरे-धीरे बोलना शुरू करते हैं।)

अग्निमित्र : यह सिंहासन मुझे प्रजा की इच्छा से ही प्राप्त था। इस पद की अपनी शक्ति और सीमायें थीं। उसके भीतर ही रहकर कुछ किया जा सकता था और मैंने क्या नहीं किया। सभी राजमार्गों पर तालाब खुदवाये। वृक्ष लगवाये जो फल दें छाया दें। निःशुल्क चिकित्सा एवं भ्रमण की सुविधाओं पर विचार करने के लिए उच्चस्तरीय आयोग का गठन–

(धीरे-धीरे अग्निमित्र की आवाज और मंच का प्रकाश कम होता जाता है। एक समय ऐसा आ जाता है बस केवल मुँह चल रहा है, ध्वनि सुनाई नहीं पड़ रही है। प्रकाश पूरी तरह लुप्त हो जाता है। मात्र विदूषक और अग्निमित्र के मुख पर एक-एक प्रकाश-वृत शेष रह जाता है। शेष सब अंधकार में।)

विदूषक : महाराज प्रजा का आक्रोश विरेचित हो चुका है। वह व्यक्ति और स्थान-परिवर्तन को ही सत्ता में आमूल परिवर्तन मान चुकी है। हमारा मनोरथ पूर्ण हुआ।

अग्निमित्र : पर मेरी कामना तो अब भी अपूर्ण है।

विदूषक : वह मुझे ध्यान है पर इधर एक संकट उत्पन्न हो गया है।

अग्निमित्र : क्या?

विदूषक : विदर्भ नरेश हमसे बन्धक मौर्य सचिव की

मुक्ति की माँग कर रहे हैं। राजकीय कारागार में उसकी मृत्यु हो गयी है।

अग्निमित्र : इसका एक उपाय है। विदर्भनरेश के चचेरे भाई माधवसेन हैं। वह अपनी भगिनी का विवाह मुझसे करने आ रहे थे। मार्ग में उत्पात में वह उससें बिछुड़ गये। अब पता चला है कि वह कन्या मालविका है। मेरे और मालविका के विवाह से ही वह संकट दूर होगा–
अतः तुम......

(प्रकाश वृत लुप्त। हलकी वाद्य धुन के साथ प्रकाश पुनः मंच पर आता है।)

विदूषक : महाराज ने जो भी कार्य प्रजा के लिए किये थे सब निश्चित रूप से प्रशंसनीय हैं। उन कार्यों का अवलोकन करने से हम यह पाते हैं कि महाराज राज्य के अपरिहार्य घटक हैं। इस समय हमारे सामने जो चुनौतियाँ हैं बाहरी आक्रमण का संकट हैं उन्हें देखते हुए प्रतीत होता है कि इस संकट की घड़ी से छुटकारा दिलाने की क्षमता महाराज अग्निमित्र में है। अतः राष्ट्रहित को ध्यान में रखकर महाराज अग्निमित्र को पुनः राज-सिंहासन पर प्रतिष्ठित करता हूँ।

(विदूषक सिंहासन छोड़कर किनारे खड़ा हो जाता है। उस पर अग्निमित्र पुनः प्रतिष्ठित होता है।)

अग्निमित्र : पुनः स्थापना के इस माँगलिक पर्व पर आप सबका अभिवादन है। मैं जन-कल्याण के निमित्त यह जानना चाहता हूँ कि आप सबको इस आन्दोलन के लिए किसने उकसाया है।

विदूषक : महाराज, यह निकृष्ट और पातकी कार्य आचार्यत्व की गरिमा से पंडित गणदास एवं हरदत्त ने किया।

अग्निमित्र : **(प्रहरी से)** दोनों नाट्याचार्यों हरदत्त और गणदास

को बन्दी बनाकर मेरे सम्मुख उपस्थित करो।

(प्रजा हर्षध्वनि करती है। प्रहरी उन दोनों को हथकड़ी-बेड़ी में लाकर एक कोने में पटक देता है। प्रजा 'मारो-मारो' चिल्लाती है।)

अग्निमित्र : मेरे सम्मुख इस प्रकार का अशोभन व्यवहार अनुचित है। न्याय-व्यवस्था आप अपने हाथ में नहीं ले सकते। यह तो मेरे हाथ की वस्तु है। बाँयें हाथ की।

(कंचुकी एक बड़े से थाल में एक रेशमी कपड़े का लिपटा हुआ घोषणापत्र लाता है। महाराज उस पर हस्ताक्षर कर विदूषक को दे देते हैं। विदूषक उसे पढ़कर लोगों के सम्मुख घोषित करता है।)

विदूषक : राज्य के सम्मानित नागरिकों! आप सबकी इच्छा और जनमत का सम्मान करते हुए महाराज आज्ञा देते हैं कि राजद्रोह और प्रजा को भड़काने के आरोप में बन्दी हरदत्त और गणदास का सार्वजनिक वध किया जाये। राज्य के शान्तिप्रिय नागरिकों के सम्मान में वध होने के बाद राष्ट्रीय उत्सव मनाया जायेगा'

(लोग जय-जयकार करते हैं और साष्टांग प्रणति की मुद्रा में सब मंच पर लेट जाते हैं। महाराज अग्निमित्र सिंहासन से उतरते हैं। सब पर पैर रखकर कुचलते हुए नेपथ्य की ओर चले जाते हैं। विदूषक राजा के पीछे-पीछे नेपथ्य की ओर चला जाता है। अग्निमित्र जिस दिशा में जाते हैं उसके विपरीत दिशा से सूत्रधार प्रविष्ट होते हुए आवाज देता है।)

सूत्रधार : ठहरिये! ठहरिये! **(प्रवेश करके)**
ठहरिये भावकों ठहरिये
ठहरिये रसिकों ठहरिये
ठहरिये सामाजिकों ठहरिये

इन आतातायियों ने मेरा अपहरण कर लिया
था शेष रह गये थे कालिदास के पात्र
उन पात्रों में से कौन-सा रस-परिपाक हुआ
जानता नहीं। हाँ रसिकों
आपने कौन-सा रसपान किया नहीं जानता।
पात्र वही थे वातावरण वही था
न कालिदास थे न मैं था
एक दूसरा ही प्रकरण कर गया परकाया-प्रवेश
दुःख हुआ। कष्ट हुआ। जो हुआ सो हुआ।
क्षमा सबसे क्षमा!
आपको स्मरण होगा!
कालिदास के नान्दी से प्रारम्भ था यह प्रकरण।
अब कम से कम समापन भी तो हो
उन्हीं के भरतवाक्य से।
(सब लेटे हुए लोग खड़े हो जाते हैं।)
आशास्वमीतिविगमप्रभृति प्रजानां संपत्स्यते न
खल गोप्तरि नाग्निमित्रे।

सब : जब तक
करते रहें राज्य अग्निमित्र
तब तक न हो कोई उपद्रव
दसों दिशायें रहें शान्त प्रजा समेत
गायें अमृत दें। नदियाँ रहें सम्पन्न।
सूर्य चमके। वर्षा हो ऋतु से।
अधिक अन्न उपजे। जन हो पुष्ट।
जब तक
करते रहें राज्य अग्निमित्र।

एक : फिर उसके बाद?

सब : फिर? जो हो, सो हो। होता रहे। हमसे क्या?
हमको क्या?
(दृश्य लोप)

❑❑